20 Brokate
Yürgen Oster

AF201059

20 Brokate Qigong

GESUNDHEIT UND LANGES LEBEN

Sowie eine ausführliche Darstellung der Selbstmassage zur Harmonisierung des Qi-Fluss

Beschrieben und bebildert von
Yürgen Oster

Bibliografische Information der Deutschen Nationalbibliothek Die Deutsche Nationalbibliothek verzeichnet
diese Publikation in der Deutschen Nationalbibliografie;
detaillierte bibliografische Daten sind im Internet über
www.dnb.de abrufbar.

Herstellung und Verlag:
BoD – Books on Demand, Norderstedt
ISBN 9783748140603

INHALT

Vorwort

Sehr verwundert habe ich vor einiger Zeit erfahren, dass die Qigong–Folge der 20 Brokate von einigen LehrerInnen in Deutschland unterrichtet wird. Anfang der 80er Jahre hatte ich diese Reihe aus Gia Fu Fengs Stillpoint University in Colorado mitgebracht. Er besaß ein Büchlein aus China mit Varianten der Acht Brokate und als Zusatz die Reihe 20 Brokate. Wir haben sie nach Anweisung der Texte gelernt und ich fand sie eine wertvolle Ergänzung zu unserem damals recht geringen Kenntnissen. Als ich 1985 in Köln meine Schule eröffnete, waren die 20 Brokate fester Bestandteil des Programms.

Irgendwann erstellte ich auf Wunsch meiner Studenten eine kleine photokopierte Broschüre, mit durchgepausten Bildern und eingeklebtem Schreibmaschinentext.

Wie erstaunlich, dass dieses Material 30 Jahre später noch immer weitergereicht wird und die Übungen verbreitet werden. Ich hatte sie aus dem Programm genommen, nachdem ich bei Fei Yuliang die Serie der 18 Wege vom Berg Wudang gelernt hatte.

Mehr kann ich über die Herkunft der Reihe nicht sagen. Die 20 Brokate werden als durchlaufende Bewegungsfolge praktiziert. Ich gebe sie nun hier wieder in einer etwas professionelleren Darstellung, aber ohne weitere Interpretation. Lediglich mit jenen Anweisungen, wie ich sie seinerzeit aus dem Englischen übersetzt habe.

Im Anhang beschreibe ich eine ausführliche Selbstmassage. Für gewöhnlich werden Teile davon in vielen Schulen als Abschluss einer Übungseinheit praktiziert.

Mein besonderer Dank geht an Melanie Koßmann, die sich spontan bereit erklärte, für das Büchlein vor der Kamera zu stehen.

2.

Fäuste öffnen, Finger gestreckt nach oben, Handgelenke drehen bis Handflächen nach außen weisen.
Arme strecken.

3.

Oberkörper weit nach vorne beugen, gleichzeitig Arme von den Seiten in einem Bogen nach unten bewegen (schöpfen) und unter die Zehenspitzen fassen, Handfläche weist nach oben, Knie bleiben gestreckt, Oberkörper langsam aufrichten, Handflächen gestreckt, Fingerspitzen berühren sich. Hände bis Brusthöhe anheben.

4.

Finger beider Hände miteinander verschränken, Handgelenke drehen,
Handflächen zeigen nach unten.
Oberkörper Wirbel für Wirbel beugen, Handflächen berühren die Zehenspitzen,
Knie gestreckt halten. Finger lösen und Fäuste bilden, Oberkörper sehr
langsam aufrichten, beide Fäuste bis neben die Hüfte bringen, Handgelenke
drehen bis Faustauge nach außen weist.

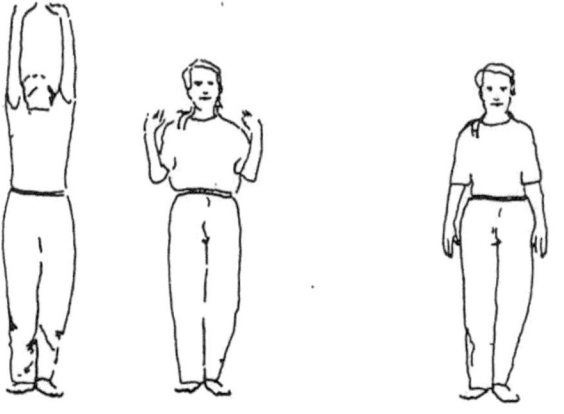

Grundhaltung

Die Haltung ist aufrecht, als würde man an einem Faden vom Himmel hängen. Die Beine sind gerade, Knie nicht durchgedrückt.
Die Fußsohlen sind fest auf dem Boden.
Ganz gleich, wie der Oberkörper bewegt wird, die Knie werden nicht gebeugt, die Füße nicht bewegt. Die Fersen bleiben zusammen, während die Zehen nach außen zeigen.

Ausgangsposition:
Die Arme hängen an den Seiten.

20
BROKATE

1

Beide Arme steigen auf bis in Schulterhöhe, nach vorne gestreckt, die Handflächen nach oben.
Fäuste formen, die Ellbogen beugen bis die Fäuste neben dem Gesicht sind. Die Faustinnenseiten zeigen nach hinten.
Die Ellbogen seitlich anheben bis in Schulterhöhe, die Handgelenke drehen bis die Faustinnenseiten nach vorn zeigen, Daumen nach unten, Fäuste zusammen.
Die Fäuste nach außen ziehen, wobei die Oberarme nach unten sinken bis sie senkrecht stehen. Die Faustinnenseiten zeigen nach vorne.

Die Ellbogen seitlich anheben bis in Schulterhöhe, die Handgelenke drehen bis die Faustinnenseiten nach vorn zeigen, Daumen nach unten, Fäuste zusammen.

Die Fäuste nach außen ziehen, wobei die
Oberarme nach unten sinken bis sie senkrecht stehen. Die Faustinnenseiten zeigen nach vorne.

2

Fäuste öffnen, Finger gestreckt nach oben, Handgelenke drehen bis die Handflächen nach außen weisen.

Arme strecken.

3

Den Oberkörper weit nach vorne beugen, gleichzeitig die Arme von den Seiten in einem Bogen schöpfend nach unten bewegen und unter die Zehenspitzen fassen. Die Handflächen weisen nach oben, die Knie bleiben gestreckt.

Den Oberkörper langsam aufrichten, mit gestreckten Händen, die Finger berühren sich.

Die Hände heben bis zur Brustmitte.

Den Oberkörper weit nach vorne beugen, gleichzeitig die Arme von den Seiten in einem Bogen schöpfend nach unten bewegen und unter die Zehenspitzen fassen. Die Handflächen weisen nach oben, die Knie bleiben gestreckt.
Den Oberkörper langsam aufrichten, mit gestreckten Händen, die Finger berühren sich.
Die Hände heben bis zu Brustmitte.

4.
Die Finger beider Hände miteinander verschränken, die Unterarme drehen, sodass die Handflächen nach unten zeigen.

Den Oberkörper **Wirbel für Wirbel** beugen bis
die Hände die Zehen berühren.
Die **Beine gerade** halten.
Unten angekommen die Finger voneinander lösen
und Fäuste bilden.

Den Oberkörper **sehr langsam** aufrichten, beide Fäuste bis neben die Hüften bringen, die Handgelenke drehen bis das **Faustauge** nach außen weist.

5

Die Fäuste **öffnen** sich, Handflächen nach oben. Die Hände vor dem Körper heben, bis die **Arme gestreckt** sind.

Dabei die Handgelenke drehen, bis die Fingerspitzen nach hinten weisen. Der **Blick folgt** den Händen.

6

Die Ellbogen beugen, Oberarme sinken lassen.
Die Handflächen zeigen nach oben, die Finger
nach hinten.
Die Hände kommen seitlich neben die Schultern.
Die Unterarme sinken lassen, die Handgelenke
wieder strecken. Fingerspitzen nach unten, Handflächen zum Körper hin.

7

Mit beiden Händen seitlich schöpfen...
Während die gestreckten Arme seitlich aufsteigen die Unterarme drehen, sodass die Handflächen nach außen, später nach oben weisen. Einen Kreis beschreibend die Hände bis

vor das Gesicht bringen und von dort nach
unten drücken bis in Höhe der Taillen.
Fingerspitzen zueinander.

8

Erneut die Finger beider Hände miteinander verschränken, die Hände vor dem Körper bis zur Brustmitte anheben.

Dort die Hände drehen, bis die Handflächen nach vorne weisen.

Den Oberkörper **nach vorne gestreckt** beugen, mit den Händen nach vorne drücken.

Die Hände voneinander lösen und im Handgelenk drehen bis die Handflächen nach oben zeigen, Fäuste bilden und bis an die Taille zurückziehen, während gleichzeitig der Oberkörper wieder aufgerichtet wird.

Die Hände voneinander lösen und im Handgelenk drehen bis die Handflächen nach oben zeigen, Fäuste bilden und bis an die Taille zurückziehen, während gleichzeitig der Oberkörper wieder aufgerichtet wird.

9

Die linke **Faust öffnen**, Becken und Oberkörper nach rechts drehen. Die linke Hand vor das **Untere Dan Tian** und von dort vor der Körpermitte aufsteigen lassen bis über den Kopf.

Die Handfläche zeigt ununterbrochen nach oben. Dazu muss der Unterarm ab Brustmitte (Mittleres Dan Tian) gedreht werden bis die Finger nach hinten zeigen. Der Blick folgt der Hand.
Den Oberkörper wieder zurück in die Ausgangsposition drehen, dabei die linke Hand wieder zur Faust schließen und zurück ziehen bis an die Taille.

Nach rechts wiederholen.

10

Die Fäuste öffnen.
Die Arme nach unten und von dort in einem Kreisbogen nach außen und in Brusthöhe wieder nach innen, wo sich die Fingerspitzen berühren. Die Ellbogen zeigen nach außen.

Die Handflächen aneinander legen…

und vom Handgelenk derart drehen, dass die Finger zum **Brustbein** zeigen.

Dabei macht der linke Fuß einen großen Schritt nach links in die **Reiterposition**. Beide Fersen heben, auf die Zehen stellen. Tiefer sitzen, die **Knie** beugen.

Die Hände von einander trennen, die Arme gestreckt in einem **weiten Bogen** zu den Seiten führen, **drehen**, damit die Handflächen nach oben kommen.

.

Fäuste bilden und diese zur Taille ziehen, **Faust-herz** nach oben, **Ellbogen** nach hinten, gleichzeitig die **Fersen sinken** lassen, bis sie wieder den Boden berühren

11

Die linke Faust **nach vorne** drücken, den Arm strecken, dabei drehen bis das **Faustauge** nach oben zeigt. Die Faust öffnen mit der Handfläche zum **Gesicht**, Finger nach rechts. Die Hand heranziehen,

vor dem Gesicht die Handfläche zum Boden hin drehen und **nach unten drücken** bis zum Unteren Dan Tian. Die Hand in einem **Kreisbogen** nach außen führen,

dort wieder eine **Faust bilden**, Faustherz nach oben und den Arm gestreckt nach oben heben. Faust **zurückziehen** zur Ausgangsposition neben die Taille.

Mit rechts wiederholen.

12

Beide Fäuste öffnen. Die **Finger** zeigen nach unten. Mit den Handrücken an den **Innenseiten** der Oberschenkel entlang in die Hocke gehen, bis die Fingerspitzen den Boden berühren. Der Oberkörper bleibt **aufrecht**.

Die Handflächen nach vorne wenden. Mit leicht vorgebeugtem Oberkörper die Arme gestreckt vor dem Körper anheben bis sie senkrecht nach oben stehen. Die Hände abwinkeln, Handflächen nach oben, und drehen bis die Finger nach hinten weisen.

Fäuste bilden und zurückziehen in die Ausgangsposition, seitlich **neben der Taille.**

13

Die linke Faust öffnet sich zu einer Klaue. Mit
nach unten weisender Handfläche diagonal
nach rechts strecken. Den Oberkörper mit
drehen. Die linke Klaue presst nach unten in
Höhe des Dan Tian…

und beschreibt einen Kreisbogen nach links. Der Oberkörper folgt der Drehung.

Wieder eine **Faust bilden** und den gestreckten Arm nach oben heben. Zurückziehen an die Taille. Rechts wiederholen.

14

Beide Fäuste bewegen sich auf einem Kreisbogen vor den Oberkörper - rechte Faust vor die linke Schulter, linke Faust vor die rechte Hüfte.

Den Oberkörper um ca. 45 Grad nach links wenden, dabei in einem Bogen den linken Arm nach links führen und in Schulterhöhe ausstrecken, Daumen und Zeigefinger abgespreizt. Gleichzeitig den rechten Arm nach außen ziehen bis die Faust vor der rechten Schulter steht.

Zurück in Ausgangsposition mit der linken Faust vor der rechten Schulter und der rechten Faust vor der linken Hüfte. Nach rechts wiederholen. Abschließend die Arme kreuzen.

15

Den linken Fuß zurückziehen, Fersen zu-
sammen. Die Beine vollständig beugen und
die Fersen anheben. Während des Sinkens die
Hände öffnen und an den Innenseiten der
Oberschenkel entlang zu den Fersen kommen.
Diese umfassen und nach oben schauen.

16

Mit dem linken Fuß einen großen Schritt nach links in die Reiterposition. Die Hände auf die Oberschenkel legen, Daumen nach hinten, Finger nach vorne.

Oberkörper und Kopf nach links drehen, der Blick geht weit nach hinten.

Nach rechts wiederholen.

17

Den linken Fuß einen halben Schritt zurück ziehen auf **schulterweiten Stand.** Mit beiden Händen Fäuste bilden und mit gestreckten Armen nach vorne bis Schulterhöhe anheben. Das Faustinnere schaut nach oben. Die Arme anwinkeln, die Fäuste vor die Schultern, dann nach rechts und links ausbreiten bis Schultern und Arme eine Linie bilden. Faustinneres zeigt nach oben. Fäuste heranziehen, dann die Arme wieder strecken.

Mit beiden **Händen Fäuste bilden** und mit gestreckten Armen nach vorne bis Schulterhöhe **anheben**. Das Faustinnere schaut nach oben. Die Arme anwinkeln, die **Fäuste vor die Schultern**, dann nach rechts und links ausbreiten bis Schultern und Arme eine Linie bilden. Faustinneres zeigt nach oben.

Fäuste **heranziehen**, dann die Arme wieder **strecken**.

18

Die Fäuste öffnen, die gestreckten **Arme heben** bis über den Kopf.

Nach rechts und links im Kreisbogen die Arme wieder sinken lassen bis die Handflächen die Oberschenkel berühren. Den Oberkörper gerade nach vorne beugen, dabei streichen die Hände an der Rückseite der Beine entlang, bis sie die Fersen berühren. Die Beine bleiben gerade.

19

Die **Hände** von den Fersen **lösen** und gerade über die Füße drehen, bis die Finger die Zehen erreichen. **Fäuste** bilden und langsam den Oberkörper wieder heben, die Fäuste an die Taille ziehen, die **Augen** weit öffnen.

20

Die Füße mit den Fersen aneinander stellen. Die
Fersen anheben, hoch bis auf die Zehen,
langsam wieder sinken.

7 Mal

Füße zusammen, Fäuste öffnen und Arme sinken
lassen.

Daoistische
Selbstmassage

Wir haben immer etwas aus dem Programm gemacht. Ganz gleich, bei welchem Lehrer ich war.
Und wenn wir die Hände vor die Augen gehalten
haben oder nur das Dan Tian kreisend massiert, etwas haben wir immer gemacht. Im Lauf der Jahre ist
mehr und mehr dazu gekommen. Einiges habe ich
sicher auch wieder vergessen. Das ist auch nicht
wichtig. Man muss nicht alles davon machen. Ich
zeige, was ich erinnere. Jeder kann sich sein eigenes
Set zusammen stellen. Es tut gut, harmonisiert, führt
durch die Praxis bewegtes Qi zurück ins Untere Dan
Tian. Es hilft der Gesundheit, der inneren Schönheit,
macht sanft und beruhigt. Braucht es mehr Argu-
mente?
Fangen wir an.

Hände aneinander reiben.
Die Hände sind ein ganzes Kapitel für sich. Einerseits enden bzw. beginnen hier die Meridiane von Metall und Feuer. Sowohl Lunge und Dickdarm, als auch Dreifacher Wärmer, Herzbeschützer, Herz und Dünndarm. Feuer hat vier Meridiane.

Um diese Meridiane besonders zu stimulieren reibe ich die vorderen Glieder der Finger aneinander. Dadurch werden die Quellpunkte angeregt und das Qi fließt fleißig.
Andererseits weisen die Hände ein sauberes System von Reflexzonen auf. Dazu gibt es die Abb. Seite 81 unten im Anhang.
Die Reflexzonen Theorie geht davon aus, dass sich in allen Teilbereichen des Körpers der gesamte Kör-

per widerspiegelt. Reflexzonen sind demnach Nervenpunkte, die mit einer von diesem Punkt entfernten Körperstelle in Verbindung stehen. Wir finden im ganzen Körper Reflexzonen. Die Massage der Reflexzonen stimuliert ebenfalls das zugehörige Organ. Durch Reiben wird auch die Durchblutung der Hände verbessert, wir verspüren deutlich Wärme.

1)
Wie dem auch sei, wir reiben die Hände aneinander und halten sie dann vor die Augen. Die Augen bleiben dabei offen und die Handfläche mit dem Punkt Lao Gong wirken auf die Augen ein. Wir wiederholen noch zwei mal.
Anschliessend legen wir die Hände auf und streichen wie unter 2) beschrieben über das Gesicht. Es

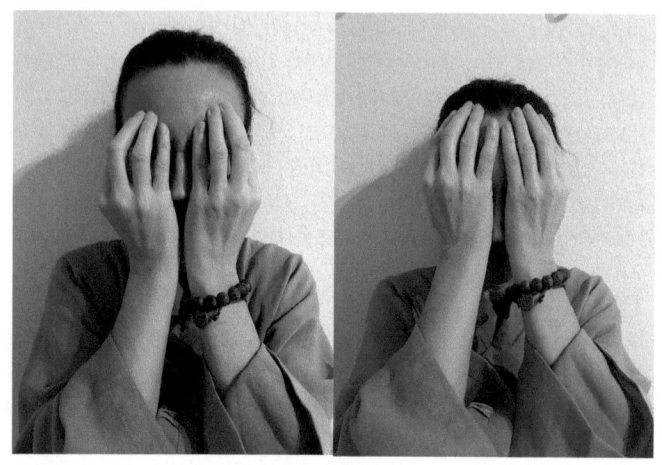

soll so sein wie waschen
oder eincremen, ohne besonderen Druck.

2)
Wir lassen die Hände nach unten gleiten, die Fingerkuppen über die Stirn bis zu den Augenbrauen. Dann wieder hoch bis zum Haaransatz, an seinem Verlauf entlang nach außen, über die Schläfen zu den Wangenknochen. Über die Wangenknochen nach innen zur Nase, an der Nase hoch bis zu den Augenwinkeln.
In den Augenwinkeln mit einem Finger kreisen, wieder nach unten längs der Nase, über die Wangenknochen nach außen und hoch über die Schläfen, am Haaransatz entlang, bis sich die Finger treffen.

Mehrmals wiederholen.

3)
Vom Haaransatz wieder mit den Fingerkuppen nach unten gleiten bis oberhalb der Augenbrauen. Dort mehrmals fest pressen. Danach mit Druck über die Stirn hoch, dabei die Finger etwas spreizen und über den Kopf, kämmend, bis in den Nacken.
Mehrmals wiederholen.

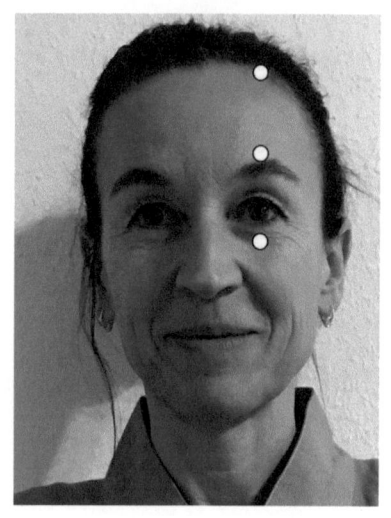

4)
Gleichzeitig auf bei-
den Seiten nach-
einander, von oben
nach unten, mit je
einem Finger die
markierten Punkte
pressen.

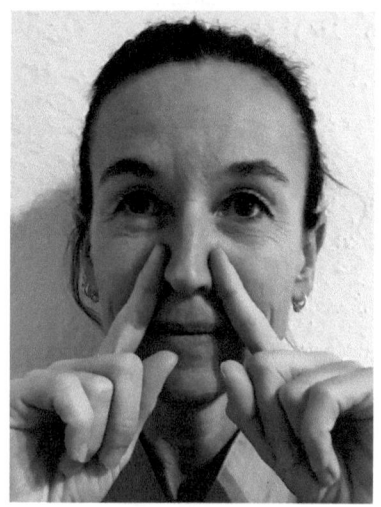

5)
Mit den Zeigefin-
gern an den Nasen-
flügeln auf und ab
reiben. 24 Mal

6)
Den oberen Kiefer
kreisend massieren.
Den unteren Kiefer
kreisend massieren.

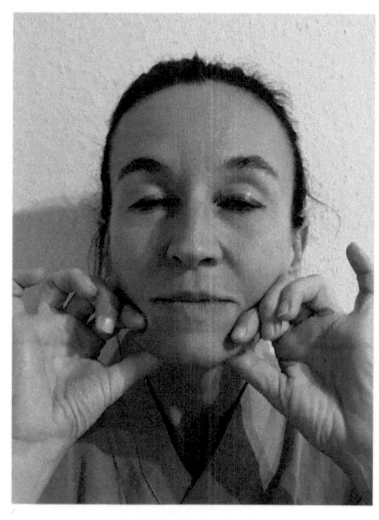

Mit dem Daumen unter den Unterkiefer greifen und nach vorne schnippen, von innen nach außen.

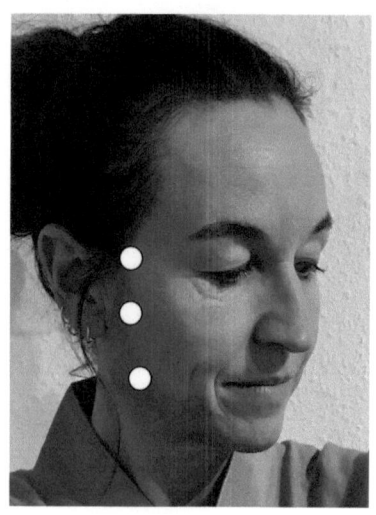

7)
Die markierten Punkte massieren.
- zwischen Schläfe und Ohr
- auf dem Kiefergelenk
- auf dem Kieferwinkel

62

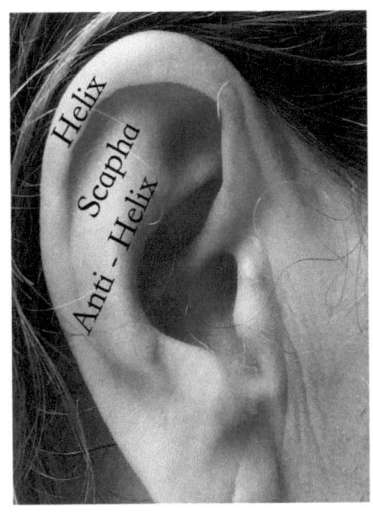

8)
Die Ohren massieren

Für die Ohren gibt es auch eine Reflexzonen-Beschreibung (Abb. Seite 81 oben)

Wir massieren kneifend am äußeren Rand der Ohrmuschel (Helix) entlang von oben nach unten bis zum Ohrläppchen. Beim zweiten Durchgang kneifen wir in der Rinne (Scapha) ebenfalls von oben nach unten, wobei wir nach der Ohrreflexzonen Theorie die Fußgelenke, Knie, Handgelenke und Ellbogen stimulieren, weiterhin die Schultern und das Schultergelenk bis hin zum Kopf. Im dritten Durchgang auf der nächsten Erhebung, der Anti-Helix, wird die Wirbelsäule angeregt.

Dann können wir die Handteller auflegen und kreisen, vorne hoch, hinten runter.

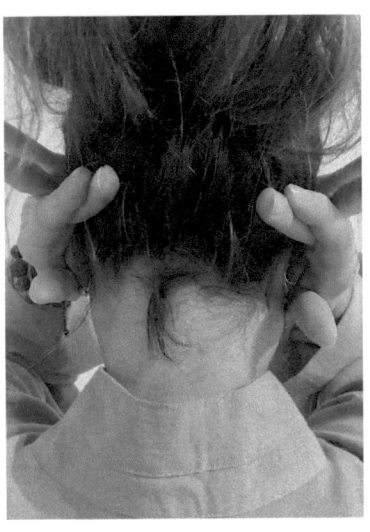

9) Die Himmlische Trommel schlagen

Nun legen wir die Hände fest auf die Ohren, die Finger nach hinten, so dass sich die Mittelfinger fast berühren. Die Mittelfinger liegen dabei auf dem Rand des Schädels, dort, wo es noch hart ist.

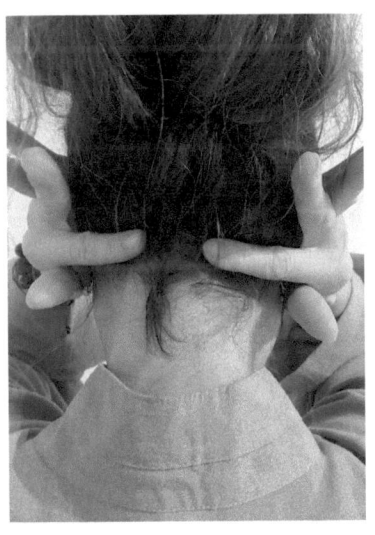

Wir legen die Zeigefinger auf die Mittelfinger und schnippen runter auf den oberen Nacken, dort, wo es gerade weich ist. Damit erzeugen wir einen trommelnden Ton. Der Klang wird noch voller, wenn man die Mittelfinger nicht fest auf den Schädel auflegt, sondern etwas frei in der Luft hält. Wir schnippen 24 Mal.

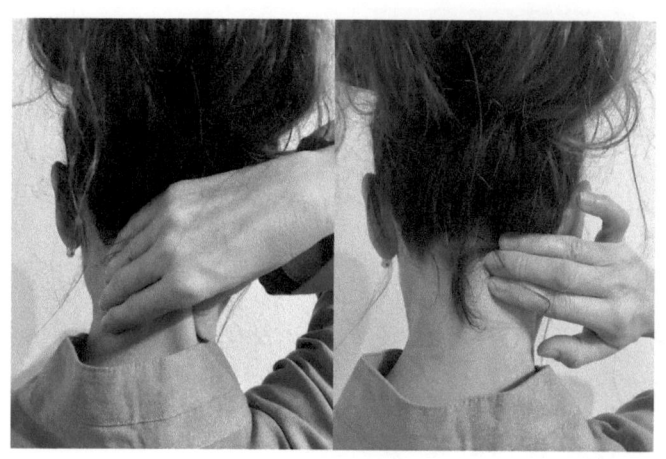

10)
Den Nacken massieren

Wir können hier verschieden Verfahren anwenden.
a) mit der flachen Hand über den Nacken reiben

b) mit den Fingern und dem Handballen kneten

c) mit den Fingerkuppen in der Vertiefung zwischen dem mittleren und äußeren Strang (Capitis und Sternocleidomastoideus) von oben nach unten massieren.

Arme und Hände

1)

Wir beginnen am linken Arm in der Achselhöhle. Zunächst greifen wir den Strang des großen Brustmuskels, welcher zum Oberarm führt und kneten diesen. Mit den Fingern massieren wir dann in der Achsel den Beginn des Herzmeridians.

Danach klopfen wir mit dem Faust- oder Handrücken entlang der Innenseite des Ober- und Unterarms bis zur Hand.

Dort greifen wir von oben die Finger und wandern immer wieder greifend die Außenseite von Unter- und Oberarm hinauf zur Schulter.

Mehrmals wiederholen, dann am rechten Arm gleich verfahren.

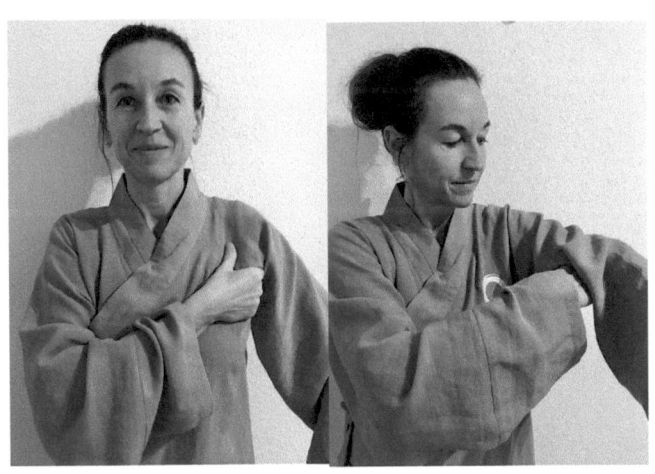

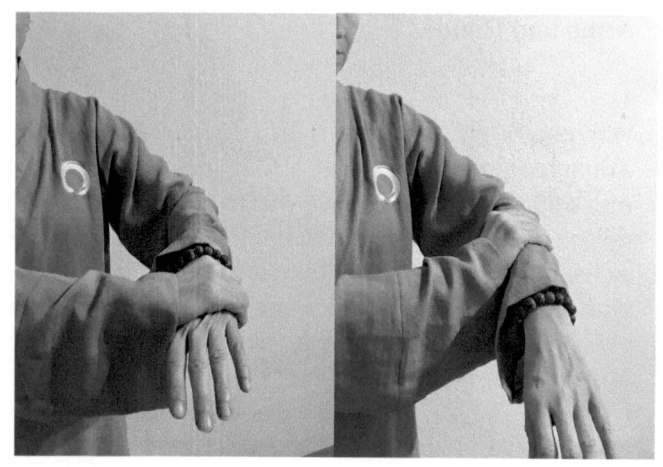

2)
Wir greifen mit der rechten Hand das linke Handgelenk und massieren dieses umkreisend. Anschließend die Finger vom Daumen zum kleinen Finger ausstreichen. Nicht ziehen.
An der rechten Hand wiederholen.

Die Reflexzonen der Hände wurden schon eingangs erwähnt. Die Beschreibung einer ausgiebigen Handmassage würde den Rahmen dieses Beitrags sprengen.

Brust

Mit der Faust 36 Mal auf die Mitte des Brustbeins klopfen. Dann mit den Fingern oben beginnend in den Rippenzwischenräumen nahe des Brustbeins von außen nach innen schiebend massieren.

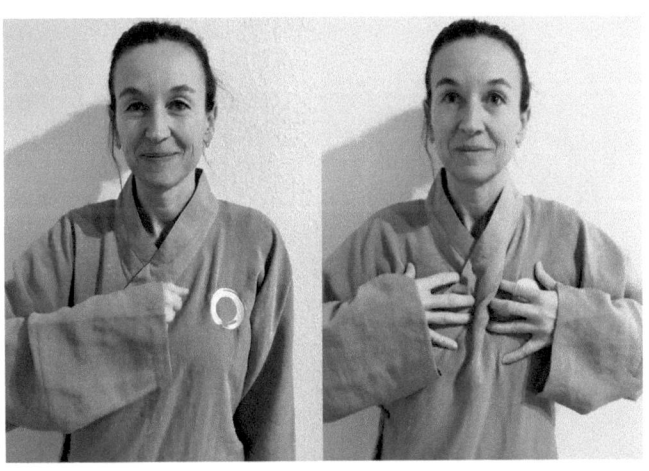

Unterer Rücken und Beine

1)
Die Hände wärmend aneinander reiben. Auf die Nierenregion auflegen, auf und ab streichen*.

2)
Über das Gesäß, die Oberschenkel und Waden nach unten streichen zu den Fersen.

3)
Die Händen über den Fuß legen, sodass Lao Gong über die Oberseite des Yong Quan kommt. Verweilen.

4)
An der Innenseite der Beine aufwärts streichen und durch die Leiste zur Außenseite gelangen.

5)
Außen am Bein entlang nach unten streichen bis zum Knöchel. Die Hände auf die Füße legen und verweilen.

6)
An der Vorderseite der Beine über Schienbein und Oberschenkel hoch streichen bis zur Hüfte.

7)
An der Vorderseite wieder nach unten zu den Füßen und innen wieder hoch.

8)
Die Hände auf das Untere Dan Tian auflegen. Linke Hand über die rechte. Mit den Händen kreisen, links hoch, rechts runter. 9 Mal.
Dann die Hände wechseln, rechte über die linke und anders herum kreisen. Ebenfalls 9 Mal.

* In der warmen Jahreszeit streichen wir mit den Händen die Beine auf und ab. Wenn es kühler wird und kalt machen wir die gleichen Wege, aber klopfen mit den flachen Händen auf die Beine.

Anhang

Yin und Yang

Das Grundprinzip allen chinesischen Denkens ist die Theorie von Yin und Yang.
Die Begriffe beschreiben ursprünglich

 die sonnenbeschienene Seite eines Hügels, Yang,

 und die Schattenseite, Yin.

Das wurde ausgedrückt durch eine Linie als Yang und eine unterbrochene Linie als Yin. Daraus wurden die 8 Trigramme (Ba Gua) entwickelt.

In der kreisförmigen Anordnung sehen wir, wie sich zum Beispiel rechts oben ein Yin von unten (innen) in das Yang schiebt, dann zwei Yin sich um ein Yang stellen und weiter das Yang nach oben (außen) vertreiben, bis unten dann ein reines Yin steht.

Im Uhrsinn weiter beginnt nun das gleiche Spiel mit der Yang-Linie. Daraus wurde das bekannte Symbol der beiden Tropfen hergeleitet.

Alles im Universum ist Yin und Yang in unterschiedlicher Dichte und Konstellation.

Qi   氣

Das zweite wichtige Konzept ist die Idee einer alles durchdringenden, Leben spendenden Kraft.

Qi entsteht aus dem Spannungsverhältnis zwischen Yang und Yin.

Das Schriftzeichen setzt sich zusammen aus Mi = Reiskörner und Qi = Atem, Luft, Gas etc. Das gibt uns ein Verständnis dafür, dass wir Qi sowohl im Festen, wie im Flüchtigen finden und wir als Menschen Qi aus Atem und Nahrung gewinnen.

Dan Tian

Qi konzentriert sich im Menschen in den 3 Dan Tian, die sich im Unterbauch, der Brustmitte und hinter der Stirn befinden.

San Bao
3 Schätze

Himmel

Mensch

Erde

San Dan Tian
(3 Elixirfelder)

Shen Geist

Qi
Lebenskraft

Jing Essenz

Meridiane

Qi verteilt sich im Körper über das Blut und die Leitbahnen oder Meridiane. Diese stehen in Verbindung mit inneren Organen bzw. deren energetischen Funktionen. Während sie traditionell in China nach ihrer Lage und ihrem Yang- oder Yin-Zustand benannt wurden, hat sich im Westen die Bezeichnung nach den Organen durchgesetzt. Ein weiterer Teil des Qi verteilt sich über die Körperoberfläche und schützt uns vor schädigenden Einflüssen, vor allem den klimatischen.

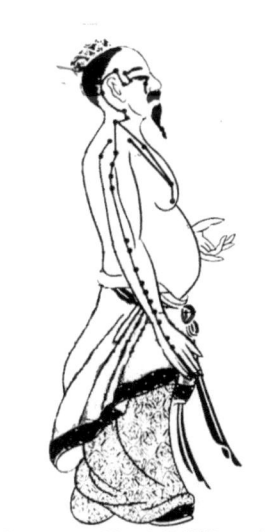

Shaoyang Hand (3 Wärmer)

Jueyin Hand (Kreislauf/Sexus)

Jueyin Fuß Leitbahn (Leber)

Taiyin Fuß Leitbahn (Milz)

Taiyin Hand (Lunge)

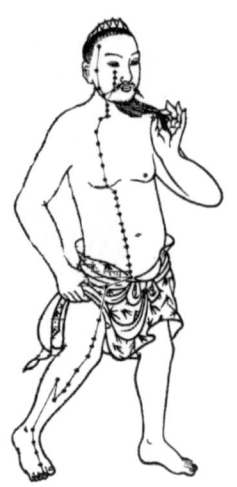

Yangming Fuß (Magen)

Shaoyin Fuß (Niere)

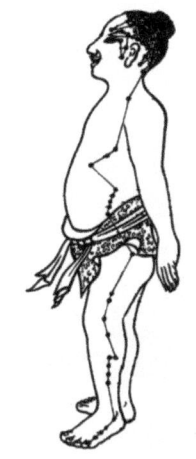

Shaoyang Fuß (Gallenblase)

Shaoyin Hand (Herz)

Taiyang Fuß (Blase)

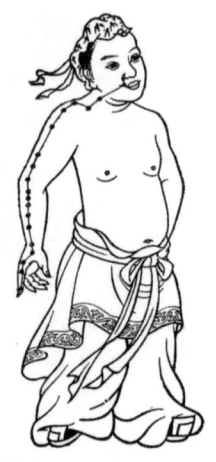

Yangming Hand (Dickdarm)   Taiyang Hand (Dünndarm)

Wir sollten bei der Qigong Praxis, den Bewegungen und der Massage, immer daran denken, dass es sich nicht um eine körperliche Gymnastik handelt sondern um eine Anregung des Qi- Flusses.

Die Reflexzonen Theorie hat einen anderen Hintergrund und wird hier nur ergänzend erwähnt.

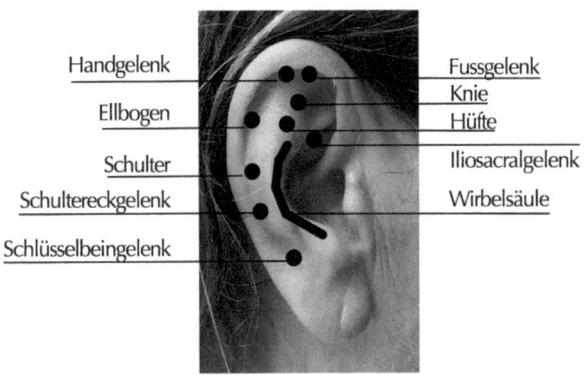

Handgelenk · **Fussgelenk** · **Knie** · **Ellbogen** · **Hüfte** · **Schulter** · **Iliosacralgelenk** · **Schultereckgelenk** · **Wirbelsäule** · **Schlüsselbeingelenk**

Reflexzonen des Ohrs

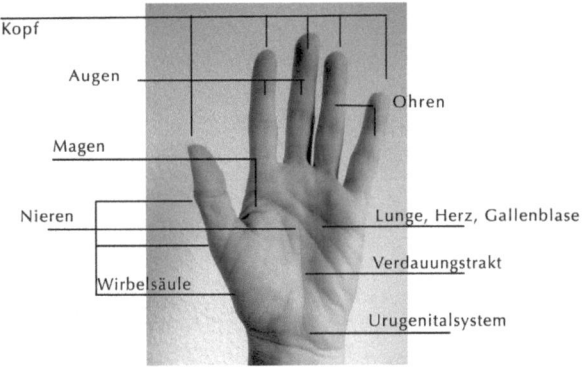

Kopf · Augen · Ohren · Magen · Nieren · Lunge, Herz, Gallenblase · Verdauungstrakt · Wirbelsäule · Urugenitalsystem

Reflexzonen der Hand

Dao Shi -
Qigong im Wechsel der Jahreszeiten

Im chinesischen Kalender ist das Jahr in 24 Perioden eingeteilt. Für jeden dieser Zeitabschnitte gibt es eine Übung, welche von dem daoistischen Gelehrten Chen Tuan (oder Chen Xiyi) aus dem 10. Jahrhundert entwickelt wurden. Der Herausgeber hat die Übungen so weit wie möglich authentisch übertragen und ihnen eine dem westlichen Alltag gemäße Version hinzugestellt. Mit den beigefügten Kommentaren wird dem Leser ein Zugang zum traditionellen Denken der chinesischen Medizin vermittelt.
ISBN 978-3-732-252756

Tai Ji Quan - Das Dao der Bewegung

Yürgen Osters Klassiker der Taijiquan Literatur liegt nun in einer völlig überarbeiteten und erweiteren Fassung vor.

Das Buch, das jeder Taijiquan Praktizierende bei sich haben sollte. Als Hardcover mit vielen neuen Abbildungen.
ISBN 978-3735740229

Der zwölfteilige Brokat
und alles andere

Die Brokate gehören zu den bekanntesten Qigong Übungen. Sie existieren in vielen Versionen, vorwiegend aus 8 Teilen bestehend. Hier macht uns Yürgen Oster mit dem zwölfteiligen Brokat aus Wudangshan bekannt.

Dabei plaudert er humorvoll über all jenes, was es an Hintergrundwissen gibt, erklärt die Vorstellung von Qi Energie oder warum man in China auch Kuchen essen kann, statt auf hohe Berge zu steigen. Ebenso werden kleine anatomische Hinweise zur Bewegungsmechanik gegeben oder es wird über Spiegelneuronen nachgedacht.

Er redet aber auch von harter Arbeit, von Geduld und Ausdauer. Dabei offenbart er die Komplexität des Daseins, entmystifiziert Energieheilung und Wunderglauben und bringt all die wundervollen Seiten des Lebens auf den Boden der Tatsachen.

Paperback ISBN 978-3735784841
Hardcover ISBN 978-3732287185

Wer seine Träume wahr machen will, muss aufwachen.